PONIS salvajes

EDICIÓN PATHFINDER

Por John Micklos, Jr.

CONTENIDO

Se escuchan los gritos cuando los **ponis** se arrojan al agua. Es una mañana de julio en Assateague, una isla ubicada en las costas de Virginia y Maryland. Cada año en esta época, los vaqueros del lugar reúnen a los ponis salvajes que viven en el extremo sur de la isla. Con la marea baja, arrean a los ponis por la estrecha vía fluvial que se denomina **canal** hacia otra isla de nombre Chincoteague. Miles de personas se acercan para ver.

Los ponis cruzan el canal a nado en aproximadamente cinco minutos. La multitud aclama nuevamente cuando los animales llegan a la costa. De vuelta en tierra firme, los ponis se sacuden el agua del pelaje. Luego comienzan a pastorear con calma. Algunos se acercan a la cerca que los separa de los espectadores.

A nado.

Los ponis salvajes cruzan el canal de Assateague hasta la isla de Chincoteague durante el nado anual de los ponis. Una vez en tierra firme, los vaqueros a caballo guían a los ponis hacia el lugar del carnaval. Allí se subastarán algunos potrillos. La subasta ayuda a controlar la población de ponis.

POR JOHN MICKLOS, JR.

POM

salvajes

La atracción principal de la isla de Assateague

Bocadillo salado. Los ponis salvajes se alimentan de una planta salada llamada espartina. Cada primavera, los potrillos nacen en la isla de Assateague. Los ponis bebés también se alimentan de espartina.

Pronto, los vaqueros arrean a los ponis por el pueblo hacia el lugar del carnaval. Al día siguiente, la mayoría de los ponis jóvenes, denominados **potrillos**, se pondrá en subasta, es decir, se venderán al mejor postor.
La subasta de ponis tiene tres objetivos:

- Recaudar dinero para el Departamento de Bomberos de Chincoteague;
- Permitirles a algunos llevarse un potrillo a casa.
- Y, lo que es más importante, controlar la cantidad de población de los ponis. Los recursos tales como el alimento sustentan solamente a unos 150 ponis en el extremo sur de la isla de Assateague. Si hubiera más cantidad de ejemplares se dañaría la **ecología**, o equilibrio vital, de la isla.

Historia y misterio

Assateague es una isla larga y estrecha. Se extiende entre el sur de Maryland y el norte de Virginia. De un lado se encuentra el océano Atlántico. Del otro, una tranquila bahía.

Los ponis han habitado libremente en la isla durante cientos de años. Son animales **ferales**. Esto significa que sus ancestros fueron domados.

Nadie sabe exactamente cómo llegaron los ponis a la isla. Algunos creen que hace mucho tiempo, los primeros ponis llegaron en barco desde España. Piensan que el barco se hundió cerca de la isla durante una tormenta y los ponis nadaron hasta la costa.

Sin embargo, la mayoría de los expertos piensa que los primeros pobladores del territorio de Maryland y Virginia trajeron a los ponis con ellos desde Inglaterra. Luego liberaron a los animales para que pastorearan en la isla de Assateague.

Hábitat salvaje

Hoy en día los ponis tienen una vida difícil. En verano enfrentan el calor y los insectos que los pican. En invierno deben desarrollar gruesas capas de cabello para protegerse de los crudos vientos.

La primavera y el otoño son las mejores estaciones. El clima de la isla es templado, y hay mucho pasto para que los ponis coman. Los ponis también se alimentan de hojas y ramas. Incluso mastican hiedra venenosa, lo cual no parece molestarles.

Estos rumiantes tienen el tamaño de un poni (menos de 58 pulgadas de altura), pero en realidad son caballos. Los expertos piensan que las duras condiciones del **hábitat**, el lugar donde viven, son las responsables de su pequeño tamaño. De hecho, cuando algunos de los potrillos subastados abandonan Assateague y reciben mejor alimento y refugio, crecen hasta alcanzar el tamaño de un caballo. Pero algunos los han llamado ponis durante años, y el nombre les quedó.

Cuadrillas de ponis

Los ponis viven en pequeños grupos que se llaman **cuadrillas.** Algunas cuadrillas tienen solo dos integrantes. Otras pueden tener una docena. En la mayoría de las cuadrillas generalmente hay varias **yeguas** (hembras adultas), algunos potrillos y un macho adulto.

El poni macho adulto se llama **semental**. Su trabajo es proteger a la cuadrilla. Algunas veces los sementales intentan robar a los ponis de otras cuadrillas. Esto puede provocar peleas entre sementales. Se muerden y patean con sus pesadas pezuñas hasta que uno de los dos retrocede.

Las hembras dan a luz en la primavera. En unos pocos minutos sus potrillos comienzan a dar sus primeros pasos con sus débiles patas. Pronto pueden correr y jugar. Al principio, toman la leche materna que los ayuda a crecer. Luego comienzan a alimentarse de pasto, al igual que los ponis adultos.

Controlando las manadas

Existen dos grupos, o **manadas**, principales de ponis salvajes en la isla de Assateague. Cada manada se compone de 100 a 150 ponis e incluye muchas cuadrillas de ponis. Una manada vive del lado de la isla que está cerca de Maryland. La otra vive del lado de Virginia. Una cerca en la frontera del estado separa a las manadas.

Los guardabosques del Servicio Nacional de Parques controlan la manada del lado de Maryland. Controlan la cantidad de ponis utilizando una **vacuna,** o medicina, especial. Cada año, inyectan la vacuna a algunas de las yeguas. La vacuna evita que las yeguas tengan bebés ese año.

El Departamento de Bomberos de Chincoteague controla la manada del lado de Virginia. Controlan la cantidad de ponis del lugar organizando una subasta anual de ponis.

Regreso a lo salvaje

En la subasta, algunas personas hacen ofertas para llevarse a los ponis a casa. Otras simplemente van a observar. En 2001, se vendieron 85 ponis. Un potrillo se vendió por USD 10,500. Esa cifra marcó un nuevo precio récord para la subasta. En total, la subasta recaudó USD 167,000.

El día después de la subasta, los vaqueros de Chincoteague arrearon a los ponis de vuelta al comienzo del canal. La multitud aclamó nuevamente mientras los ponis nadaron a casa en la isla de Assateague. Allí vuelven a andar libremente un año más.

En la cerca.
Suele haber más gente que caballos en el remate anual de ponis.

VOCABULARIO

canal: vía fluvial entre dos extensiones de tierra que se encuentran cerca

cuadrilla: pequeño grupo de caballos

ecología: forma en que las plantas y animales viven en relación mutua

feral: animales salvajes cuyos ancestros fueron domesticados

hábitat: lugar donde vive algo

manada: gran grupo de caballos (a menudo se compone de muchas cuadrillas)

poni: caballo pequeño que tiene menos de 58 pulgadas de altura máxima

potrillo: caballo joven

semental: caballo macho adulto

vacuna: medicina que se traga o se inyecta en el cuerpo

yegua: hembra adulta del caballo

Partes del poni

Los ponis de Assateague son pequeños en comparación con otros caballos. Sin embargo, han tenido mucho éxito en su hogar en la isla. Estos rudos ponis tienen características, o partes, que los ayudan a sobrevivir en la naturaleza.

Ojos

Los ojos de un poni se ubican a cada costado de la cabeza. Cuando el poni está de pie sin moverse, los únicos lugares que no puede ver son los puntos directamente por delante y detrás de él.

Cola

Los ponis pueden balancear la cola para espantar a las moscas y otros molestos insectos que se posan sobre ellos.

Cabello

En verano, los ponis tienen finos abrigos de cabello corto y sedoso. En invierno, sus abrigos se tornan más gruesos y los mantienen abrigados en el clima frío.

Patas

Los ponis tienen largas patas que les permiten correr rápidamente para escapar del peligro. Las largas patas también son buenas para caminar por los altos pastos y arbustos.

Pezuñas

Cada pezuña tiene una cubierta dura. Esta les permite a los ponis caminar o correr de forma segura sobre muchas superficies.

Refugio en las islas

Frailecillo silbador

Volando de visita. Muchos de los amigos plumíferos de las islas no viven allí. Visitan Chincoteague y Assateague cuando vuelan hacia sus hogares estacionales.

Chincoteague y Assateague son famosas por sus ponis. Sin embargo, este par de islas también alberga a una sorprendente diversidad de otros animales. ¿Por qué tantas criaturas prosperan en estas pequeñas islas? Determinadas partes de las islas se encuentran protegidas. Eso significa que hay reglas que indican lo que se puede y no se puede hacer en esa zona.

Lugares seguros

El Refugio Nacional de Vida Silvestre de Chincoteague es uno de estos espacios protegidos. Incluye más de 14.000 acres de tierra tanto en la isla de Chincoteague como en la de Assateague.

El refugio brinda un espacio seguro para las plantas y los animales. Protege sus hábitats o lugares donde viven. El refugio también ofrece gran cantidad de viviendas naturales. Los animales viven entre los pinos, en los empapados pantanos y dentro de las secas dunas de arena.

Las islas son un bonito hogar que pueden usar todo el año animales que cazan en el océano. Muchas aves construyen sus nidos en las islas. Durante el día, atrapan a los peces en el océano. Por la noche, regresan a las islas para dormir.

En bandada hacia las islas

Las islas también son lugares vacacionales de moda para los animales migratorios. Cada año, bandadas de aves migran, o viajan largas distancias, entre sus hogares de invierno y verano.

Estas aves viven en el Norte durante el verano. Cuando el clima se torna frío, viajan hacia el Sur. Vuelan miles de millas hacia sus cálidos hogares de invierno. En la primavera, vuelan nuevamente por el mismo camino.

Tantas son las aves que viajan por la Costa Este de Norteamérica que los científicos la llaman la Vía área del Atlántico. Es como una autopista para las aves. Sin embargo, volar durante cuatro días seguidos puede cansar a las aves. ¿Dónde paran para dormir? Adivinaste: en las islas de Chincoteague y Assateague.

Ciervo de Sika

Ardilla

Tigüi

Húmedo y silvestre

La vida puede ser bastante salvaje en las islas. Chincoteague y Assateague son islas de barrera. Forman una barrera que protege al continente de las olas del océano. El viento azota la arena, moviéndola de un lugar a otro. Las mareas barren la arena. Sin embargo, incluso en este hábitat salvaje, muchos seres vivientes encuentran la forma de sobrevivir.

Existen malezas que crecen en las dunas. Los cangrejos fantasmas viven en la arena.

Los pantanos de agua salada son otro tipo de hábitat en las islas. Estas son zonas en las que el agua del océano cubre la tierra. Muchos tipos de mariscos y otros animales pequeños viven en este hábitat salado. Los patos negros y otras aves migratorias dependen de estas criaturas para alimentarse.

La vida en el bosque

Chincoteague y Assateague son islas planas y azotadas por el viento. Sin embargo, en terrenos más elevados también hay bosques. Aquí, la tierra no se inunda con el agua salada del océano como lo hace en la playa o en los pantanos. Por eso, estas zonas se ven muy diferentes. Nacen altos pinos en el suelo arenoso.

En lugar de aves amantes del agua y cangrejos que caminan de lado, los bosques albergan a otros animales. Las ardillas saltan de árbol en árbol. Los ciervos y los ponis salvajes se alimentan de los arbustos y plantas. Los zorros y mapaches vagan por el bosque en busca de alimento. Los búhos hacen sus nidos en las copas de los árboles. Por la noche bajan para cazar ratones y otros deliciosos bocadillos.

Nuevos horizontes. El refugio de la isla es una zona protegida. Les brinda una nueva vida a los animales y plantas que luchan por sobrevivir.

Salvando a las especies

El Refugio Nacional para la Vida Silvestre de Chincoteague hace más que proteger la tierra para los animales. También ayuda a las especies a sobrevivir. Por ejemplo, las águilas de cabeza blanca y los frailecillos silbadores luchan por sobrevivir en la naturaleza. Tienen una ventaja al vivir en estas islas especiales. El refugio les brinda un hábitat seguro. Aquí, las aves pueden hallar alimento y un lugar seguro para sus crías.

Los ponis quizás sean las superestrellas de estas dos islas del océano Atlántico. Pero es la variedad de vida silvestre lo que hace que sean tan asombrosas. Muchos tipos de animales viven en estas islas. Aquí los ponis corren libremente y los animales superan a las personas en número.

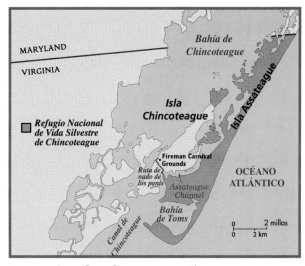

Protegiendo el terreno. Chincoteague y Assateague son islas de barrera. Protegen al continente de las agitadas olas del océano.

11

LA VIDA EN LA ISLA

Responde a las siguientes preguntas
para comprobar lo que has aprendido.

1. ¿Por qué los ponis nadan desde la isla de Assateague hasta la isla de Chincoteague?

2. ¿Los ponis de la isla de Assateague son realmente ponis? Explica.

3. ¿Es sencilla la vida en Assateague para los ponis? ¿Por qué sí o por qué no?

4. ¿Por qué la gente controla la cantidad de ponis que vive en las islas?

5. ¿Por qué vienen a las islas tantos tipos de animales?